CHANT LYRIQUE

SUR LA

GUERRE D'ORIENT

PAR

M. A*** B***.

Parcere subjectis et debellare superbos.
ÉNÉIDE, VI.

MARSEILLE,

CHEZ CAMOIN FRÈRES, LIBRAIRES, CANNEBIÈRE, 1.

1858.

CHANT LYRIQUE

SUR LA

GUERRE D'ORIENT

PAR

M. A*** B***.

Parcere subjectis et debellare superbos.
ÉNÉIDE, VI.

——∽∞∽——

MARSEILLE,
CHEZ CAMOIN FRÈRES, LIBRAIRES, CANNEBIÈRE, 1.
1858.

TYPOGRAPHIE VEUVE MARIUS OLIVE,
Rue Montgrand, 28, Marseille.

PRÉFACE.

La guerre qui avait appelé en Orient les armes de la France finissait à peine, que l'Académie Française, mue par un sentiment vraiment patriotique, et jalouse de rehausser l'éclat de la victoire par des triomphes d'un autre genre, demanda un poème sur cette guerre et proposa un prix pour le meilleur qui lui serait offert. Le sujet d'un concours ne pouvait être mieux choisi. Quelque rapprochés en effet que nous soyons des événements, et quoique l'heure d'une appréciation froidement impartiale ne paraisse pas être encore venue, il est aisé de voir néanmoins que cette guerre n'a été dans toutes ses circonstances qu'une suite d'événements aussi extraordinaires que glorieux pour nous. Il semblait donc qu'il devait suffire du patriotisme soutenu par les faits, pour enflammer les cœurs et pour faire surgir en foule des poèmes dignes des héroïques vainqueurs de Sébastopol. Le nombre prodigieux des concurrents ne laissait pas d'ailleurs la liberté d'en douter. Aussi l'Académie étonna-t-elle bien tristement la France, lorsque, à la honte de notre temps et des lettres, elle déclara que, sur tant de pièces, il n'y en avait pas une qui méritât le prix. L'affront était trop sanglant pour n'être pas lavé. De nouveaux combattants, et j'avouerai que j'ai songé à être du nombre, sont entrés dans la lice, et l'Académie a déjà fait connaître le nom du lauréat qui avait répondu à son appel et vengé notre honneur. Pour moi, diverses circonstances m'ont empêché de terminer mon travail au jour fixé. J'en aurais fait aisément le sacrifice ; mais j'ai été retenu par une pensée. Il m'a semblé que mon œuvre une fois achevée ne m'appartenait plus : qu'elle pouvait n'être pas complètement dépourvue de mérite, et qu'alors, mon vers et mon éloge, quelle que fût leur faiblesse, étaient dus à ceux de nos frères qui avaient si généreusement donné leur sang pour nous, aux vivants et aux morts, et à la patrie elle-même. C'est ce qui m'a déterminé à soumettre au public un ouvrage que les circonstances ne me permettaient plus de faire juger par nos maîtres. Puissé-je mériter son approbation! Puissent mes concitoyens reconnaître dans mes vers la trace des émotions diverses et profondes qui ont fait battre le cœur de tout Français, et que j'ai la conscience d'avoir moi-même éprouvées!

A. B.

CHANT LYRIQUE

SUR LA

GUERRE D'ORIENT.

« Amis, finissons-en : partageons cet empire.
A vous, l'Egypte ; à vous, la Servie et l'Epire.
A moi, le grand Danube et les murs des Césars.
Qui peut nous disputer cette riche dépouille ?
Tout tremble devant moi. Puis, mon glaive se rouille,
  Et j'aime le fracas des chars. »

Il disait, et superbe, et relevant la tête,
Le grand Czar savourait sa future conquête,
   Ivre d'orgueil, ivre d'espoir.
Son Aigle se mirait dans les eaux du Bosphore ;
Il étendait ses bras du couchant à l'aurore :
   Le monde était en son pouvoir.

« Arrière ! dîmes-nous. Ton offre est un outrage.
Honte à qui vend ainsi son bras et son courage,
A qui traîne le faible aux pieds de l'oppresseur !
Que dis-je? sous ses yeux laisser commettre un crime,
C'est d'un traître ou d'un lâche... Ah! sauvons la victime!
   N'avance pas, Czar, ou malheur! »

Mais, quel bruit tout-à-coup !.. C'est le canon qui gronde,
Courons... Il est trop tard. Sous la vague profonde,
   Hommes, canons, trésors, vaisseaux,
Tout a péri. Cinq mille! Ils sont morts, mais en braves ;
Ils ne verront jamais leurs bras chargés d'entraves,
   Et la mer garde leurs drapeaux.

   Ah! tremble, perfide !
   Ces coups de canon
   Dont ton âme avide
   Ecoute le son,
   Bientôt, sur ta couche,
   Te roulant, farouche,
   Comme de ta bouche

Tu les maudiras,
Quand, rêveur, et sombre,
Seul, la nuit, dans l'ombre,
Supputant le nombre
De tes fiers soldats,
Triste, tu verras
Leur foule innombrable
Périr sous tes yeux,
Comme dans le sable
Un fleuve orgueilleux !

O France ! lève-toi ! saisis ta forte épée.
A toi, de secourir la faiblesse opprimée,
De briser les superbes et de venger les morts.
Les morts ! ah ! soit venu le jour de la vengeance !
      Ils te la demandent, ô France !
Tes fils dont cette terre a dévoré les corps.

Et toi, fière ennemie et superbe rivale !
Immense est notre force ; et notre haine, égale.
Mais aujourd'hui veux-tu l'étouffer dans ton cœur ?
L'honneur parle, il le faut, la France t'y convie :
      Ah ! tends-nous une main amie,
Rends-nous un franc baiser et reconnais ta sœur.

C'en est fait. O bonheur ! ô surprise ! Le monde
A vu nos pavillons fraterniser sur l'onde,
L'Aigle et le Léopard côte-à-côte marcher.

Ah! puissiez-vous ainsi marcher toujours unies!
De l'Occident filles bénies,
La haine, de vos cœurs ne doit plus approcher.

    Maintenant rassemble
    Tes nombreux soldats :
    Que la terre tremble,
    Tremble sous leurs pas :
    Que le vent frémisse,
    Que la mer rugisse,
    Que l'hiver blanchisse
    Le sol de frimas :
    Que d'un mal horrible,
    Athlète invincible,
    Le souffle terrible
    Sème le trépas :
    Fuis dans tes états,
    Ravisseur sauvage !
    Ils ne pourront pas,
    Unissant leur rage,
    Vaincre nos soldats.

Les voilà ! C'est Omer et sa troupe aguerrie
    Qui brûlent de te rencontrer ;
C'est le brave Mouza qui, devant Silistrie,
    Où ton Aigle ose se montrer,
Enterrera des tiens l'élite moissonnée....
    C'est le chef des fiers Ecossais *,

---

* Le duc de Cambridge.

Et Cathcard, et Raglan. Leur grande âme étonnée
 De marcher avec des Français,
En leur cœur intrépide en palpite de joie,
 Et notre âme en a tressailli.
Celui-là, haut et fier, dont le regard flamboie,
 Dont le front n'a jamais pâli,
Dont la peur n'a jamais fait battre la poitrine,
 C'est Saint-Arnaud. Hélas! hélas!
Le fléau sans pitié prévenant ta ruine,
 O Czar! par un affreux trépas,
A son armée en deuil, aux combats, à la gloire,
 Trop tôt, trop tôt l'arrachera,
Et, comblant tes désirs, au sein de la victoire,
 Sous ses lauriers l'étouffera.
Oh! dans ce jour fatal, de son âme héroïque
 Quel cri trahira les regrets!
Tel rugit frémissant le noir lion d'Afrique
 Qu'a pris un pâtre dans ses rêts.
Rassure-toi pourtant... Va! héros magnanime,
 Le nom d'Alma ne peut périr,
Et Canrobert est là, calme et fort, et sublime...
 Rassure-toi, tu peux mourir.
Canrobert et Bosquet. Bosquet, foudre de guerre,
 Dont l'aspect glace l'ennemi;
Canrobert qu'Annibal, écumant de colère,
 Aux champs Latins aurait frémi
De rencontrer partout, lutteur infatigable,
 Qui le harcèle nuit et jour,
Qui lentement l'épuise, et lentement l'accable,

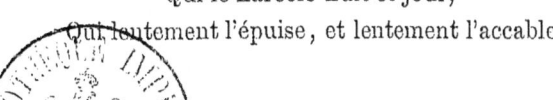

Mais qui l'accable sans retour.
S'élancent sur leurs pas, pleins du feu des batailles,
    Bouat, d'Aurelle, Bourbaki,
L'impétueux Lourmel qui doit sous tes murailles
    Tomber par sa valeur trahi,
Fière Sébastopol ; d'Allonville et de Salles,
    Et le prince Napoléon,
Impatient d'ouïr le sifflement des balles,
    D'entendre gronder le canon ;
Cler, Failly, D'Autemarre et mille autres encore
    Que fiers sont les flots de porter,
Héros chefs de héros si nombreux que l'aurore
    Me surprendrait à les compter.
Allez! fils de nos preux, orgueil de la patrie,
    Mourir pour son pays est doux.
Nos prêtres ont prié ; sur vous veille Marie ;
    Allez! nos cœurs sont avec vous.

Mais déjà Paskiewich a vu luire des armes.
Il écoute, il entend, objet de ses alarmes,
    Un bruit lointain de pas :
Il fuit, et, du Danube abandonnant les rives,
Il entraîne après lui ses phalanges craintives,
    Sans tenter le sort des combats.

En avant! Point de trêve à la bête cruelle
Qui lâche prise et fuit quand s'élancent contre elle
    Les pasteurs vigilants.

Guerre à mort! Il la faut suivre dans son repaire ;
Il faut l'atteindre, il faut que la nuit solitaire
   N'entende plus ses hurlements.

Sébastopol! C'est là que, depuis cent années,
Se forgent nuit et jour les chaînes destinées
   A l'univers soumis.
Là, dit-on, sous ces tours, la flotte même est prête,
Qui n'attend pour voler de conquête en conquête
   Que le souffle des vents amis.

En avant! en avant! Ce mont inaccessible,
Là campe l'ennemi. D'un élan invincible,
   Gravissez-y, soldats !
Que l'altier Mentchikof, surpris de tant d'audace,
Fuie et sache de nous que d'une noble race
   Les fils ne dégénèrent pas.

Qu'il fuie, et que le Czar apprenne que l'armée
Qui dut, six mois entiers, défendre la Crimée,
   N'a pu tenir un jour ;
Que sa flotte n'est plus, et qu'on a dû soi-même,
Soi-même l'engloutir par un effort suprême
   Et la détruire sans retour.

Qu'il voie, au pied des murs qui la couvraient naguère,
Notre Aigle aux ailes d'or étreindre de sa serre
   L'Aigle russe aux abois ;

Et le fier Léopard, fidèle à sa devise,
Sur sa proie acharné, mourir sans lâcher prise,
    Mourir et vaincre toutefois.

Que de l'Euxin au Pôle, et de la mer Baltique
Au détroit où l'Asie à la jeune Amérique
    Semble tendre la main,
Partout, dans son empire étendu sur trois mondes,
Sous le réseau de fer qui lui ferme les ondes,
    Il se débatte, mais en vain.

Qu'il sente cet empire épuisé, hors d'haleine,
Gémir, et tout son sang par une seule veine
    S'échapper lentement :
Tel le géant des mers, échoué sur la plage,
D'un effort impuissant fatigue le rivage,
    Et meurt hors de son élément.

Qu'alors, triste et honteux, du trône de ses pères,
Maudit par sa patrie et maudit par les mères,
    Il descende au cercueil :
Qu'il meure en son midi ; qu'il s'éteigne sans gloire
Ce Cambyse nouveau dont la sévère histoire
    Châtira le stupide orgueil.

    Nous, cependant, loin des guerres cruelles,
    Quand plane aux cieux l'Aigle aux cieux remonté,
    Nous goûterons à l'ombre de ses ailes

La douce paix et la sécurité.
Les arts pour nous tresseront leur couronne ;
Le laboureur, jusqu'aux jours de l'automne,
Sans crainte aux champs laissera la moisson ;
Nos nefs en paix promèneront sur l'onde
Nos biens, notre or grossi de l'or du monde,
Et tout dira : Gloire à Napoléon !

Mais, là bas, ô douleur ! sur la terre étrangère
Souffrent pour nous, hélas ! nos frères, nos amis :
Des enfants arrachés aux baisers de leur mère,
    Au doux soleil de leur pays ;

Ces enfants, ces héros, ils ont vu sur leur tête
La mort, l'affreuse mort voler incessamment :
Ils couraient à ces jeux comme aux jeux d'une fête ;
    Ils étaient dans leur élément.

Mais voici que l'Hiver a préparé ses armes.
Il s'avance, lutteur qu'on ne peut pas saisir :
Il s'unit aux vaincus ; il frappe. Oh ! que de larmes !
    Que de beaux yeux vont s'obscurcir !

La terre sous ses pieds se durcit comme un verre.
Il souffle ; le ciel tremble, et la terre, et la mer.
Il touche les guerriers : et leur corps se resserre
    Sous les doigts glacés de l'Hiver.

L'ennemi rassuré s'enhardit. Il s'obstine,
Il redouble d'efforts, il lutte pied à pied,
Il entasse les monts, il creuse, il fouille, il mine,
    Il meurt digne d'être envié.

Les nôtres, cependant, oh! si dans une plaine
Contre leur adversaire ils pouvaient se ruer!
En face, à découvert, si, terminant leur peine,
    Ils pouvaient mourir et tuer !

Mais non : il faut lutter, souffrir, tomber sans gloire,
Entamer le roc vif sous la faux du trépas,
Combattre en même temps et hâter la victoire
    Que peut-être ils ne verront pas.

Il faut, dix mois entiers, lutter ainsi dans l'ombre,
Se couvrir de sueur, et de boue et de sang,
Et voir naître le jour, et tomber la nuit sombre,
    Toujours immobile à son rang.

Et l'hiver cependant se prolonge. La neige
Tombe; le vent rugit et l'affreux choléra.
France, où sont tes guerriers? Ah! que Dieu les protége !
    France, pas un ne reviendra.

    O d'un cœur timide
    Que la crainte guide,
    Lâche et vil effroi!

Parole infamante,
Pensée outrageante
Indigne de toi!
« Dieu combat pour moi, »
A crié la France :
Et son doigt montrait,
Signe d'espérance,
Qui sur nous flottait,
L'image sacrée
Que, bien doucement,
Sur l'onde azurée
Caressait le vent.

Malakof! Malakof! autour de tes murailles
    Quel bruit! quels lugubres éclairs!
Le sol tremble ; le plomb vomit les funérailles,
    Et la mort pleut du haut des airs.
Le coup répond au coup, la tempête aux tempêtes,
    La nuit enveloppe les murs,
Et tombent les guerriers, et se fauchent les têtes
    Comme en un champ les épis mûrs.
Oh! quels combats affreux! quelles luttes horribles
    Au pied de ces murs ébranlés!
Quels efforts surhumains, inouïs, indicibles!
    Quels échos non encore égalés!
Quand Russes et Français se heurtaient intrépides
    Pour la patrie et pour l'honneur,
Acharnés, eux comptant sur leurs abris solides,
    Nous, sur notre mâle vigueur.

Oh ! que de sang versé ! Que de preux succombèrent,
    Glaive en main, sans tourner le dos !
Là Mayran, là Brunet, là Pontevès tombèrent
    Ainsi que tombent les héros.
Là Rivet, là Breton, Saint-Pol, La Boussinière,
    Marolle, atteints du coup mortel,
En tête, au premier rang, mordirent la poussière,
    Comme Bizot, comme Lourmel.
Et vous, jeunes héros, moissonnés avant l'âge
    Et frappés comme le lion,
Qui ne sait votre sort, vos noms, votre courage,
    O Lavarande, ô Brancion ?
Salut ! chefs trop vaillants ! Salut ! nobles victimes !
    Salut ! combattants valeureux !
Qu'emporta leur exemple à des trépas sublimes
    Et qui tombâtes dignes d'eux.
Salut ! La France en deuil vous admire et vous pleure,
    Le monde entier vous applaudit ;
Et Dieu que vous nommiez à votre dernière heure
    Vous récompense et vous bénit.

Mais déjà Pélissier des rives de la France
Accourt. Son glaive brille ; il l'agite, il s'élance :
Mac-Mahon l'accompagne, et Bosquet, et nos cœurs.
Ensemble tous les trois poussent le cri de guerre :
    Malakof est par terre,
    Et nous sommes vainqueurs.

FIN.

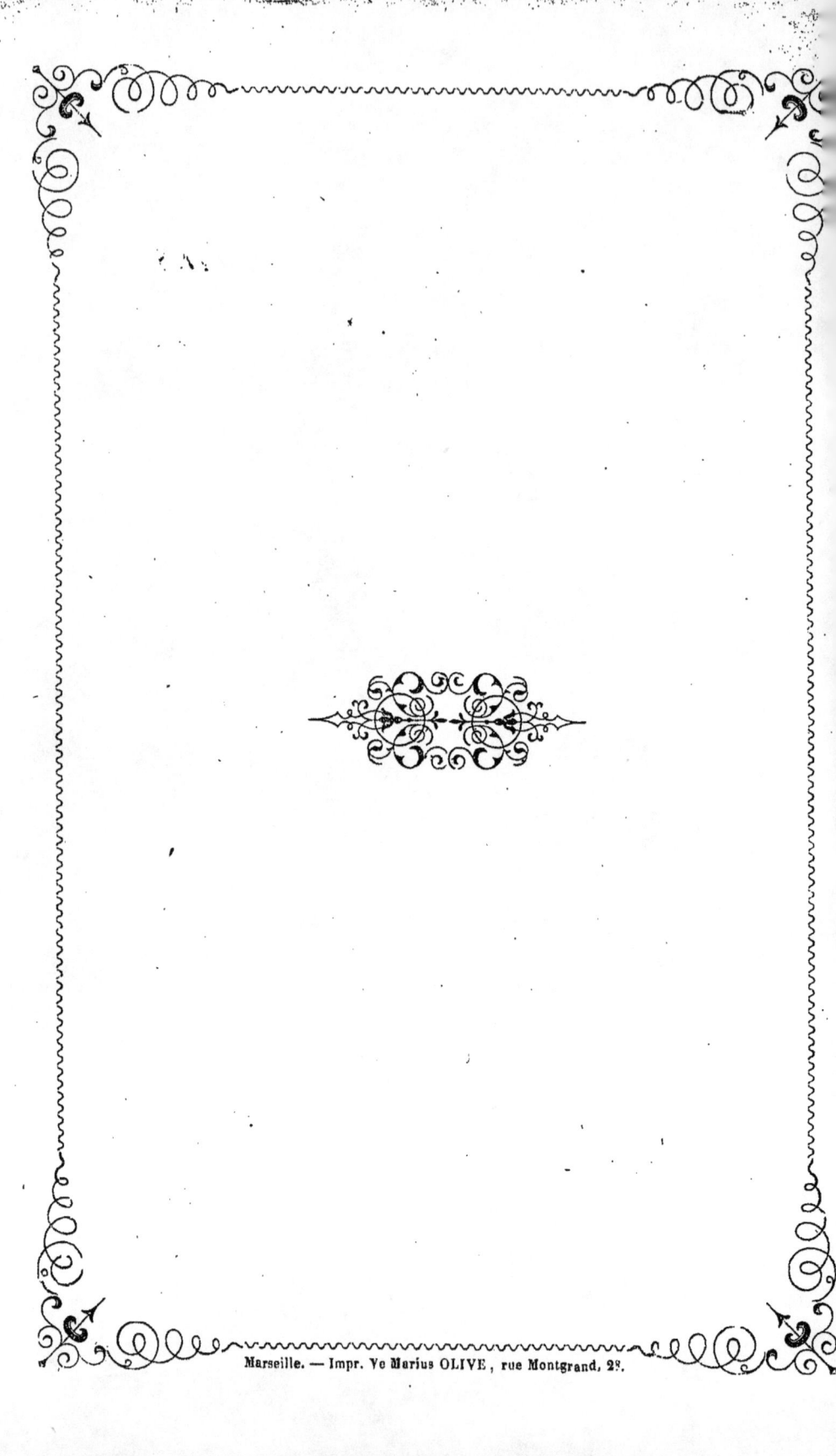

Marseille. — Impr. Vº Marius OLIVE, rue Montgrand, 2.

www.ingramcontent.com/pod-product-compliance
Lightning Source LLC
Chambersburg PA
CBHW071422060426